Alfie

Ama

Alfie
y
Antalina

El amor es un vínculo perfecto.

El amor es genuino

El amor
dice la
verdad

El amor es amable

Te amo

Historia
de
amor

El amor

es

paciente

El amor es limpio y puro.

Amor

El amor es gentil

El amor es contagioso.

El amor
no es
egoísta.

Amar a los demás

Espectáculos de amor

El amor ve
la belleza
en los demás.

El amor es digno de confianza.

El amor es hacer algo bueno.

Amar
no se va a la
cama enojado

El amor
no es
celoso.

Amar cada día

Justo
Amar

El amor dice lo siento

amor
amor

XOXO
OXOX

El amor ayuda a otros a mostrar amor.

Deja crecer
al amor

El amor no busca sus propios intereses.

El amor es compartir

El amor es alentador

El amor es trabajo duro

Amar es perdonar a los demás.

amor
amor
amor

El amor dice

El amor
no se
jacta

El amor trata

a la familia y a los amigos

con amor

Abrazos
besos

No dejes que tu amor se enfríe

X X

El amor es de tu corazón.

El amor
dice
Por favor
y
gracias.

Tú y yo
para siempre

Hacer todo
con amor

El
amor
nunca
falla

El amor es
pasar tiempo
de calidad
juntos.

AyA
Nuestro lugar feliz

XOXO

Lo mas
grande
es
el amor

Te extraño.

El amor nunca termina